the best of AGNUS DEI
more music to soothe the soul

THE GREATEST COLLECTION OF CONTEMPLATIVE CHORAL MUSIC

SELECTED FROM THE BEST-SELLING ERATO CDS

Novello Publishing Limited

Cover photograph by Edwin Smith.
Front cover art direction by
Greg Jakobek at Warsaw, London.
Cover design by Michael Bell Design.
Music set by New Notations.
Printed in the EU.

ISBN 0-85360-905-5
Order No. NOV950157
This collection © 1998 Novello & Company Limited.

Published in Great Britain by
Novello Publishing Limitid.
14/15 Berners Street London W1T 3LJ

Exclusive distributors:
Hal Leonard Europe Limited Distribution Centre
 Newmarket Road
Bury St Edmunds Suffolk, IP33 3YB
www.halleonard.com

www.halleonard.com

CONTENTS

ADAGIO
THE BEATITUDES

Tomaso Albinoni *Arranged by Remo Giazotto*
Choral arrangement by John Cameron (orchestral parts available on hire)

quo-niam ip-so-rum est   reg-num __ cae - lo - rum,   quo-niam ip-so-rum est reg-num __ cae-

quo-niam ip-so-rum, quo-niam ip-so - rum __   reg-num cae-lo-rum, quo-niam ip-so-rum est

__ ip - so - rum   reg-num cae - lo-rum,   quo - niam __ reg-num __ cae-

__ quo - niam ip-so-rum reg - num cae-lo-rum, quo - niam est reg-num

ip - so - rum __ reg - num cae - lo - rum, quo - niam est reg-num __ cae-

reg-num   quo-niam ip-so - rum __   reg-num cae-lo - rum. __   Reg-num __ cae-

reg-num cae - lo-rum.   Reg-num cae - lo-rum.   Reg-num cae - lo-rum.

reg - num cae - lo - rum.   Reg - num

7

103

reg - num ___ cae - lo - rum est ___ ip - so - rum. Be - a - - ti,

reg - num ___ cae - lo - rum est ___ ip - so - rum. Be - a - - ti,

reg - num ___ cae - lo - rum est ___ ip - so - rum. Be - a - - ti,

reg - num ___ cae - lo - rum est ___ ip - so - rum. Be - a - - ti,

reg - num ___ cae - lo - rum est ___ ip - so - rum. Be - a - - ti,

reg - num ___ cae - lo - rum est ___ ip - so - rum. Be - a - - ti,

reg - num ___ cae - lo - rum est ___ ip - so - rum. Be - a - - ti be - a -

reg - num ___ cae - lo - rum est ___ ip - so - rum. Be - a - - ti,

lightly, as before

AGNUS DEI

Samuel Barber

Arranged by the composer

24

28

30

32

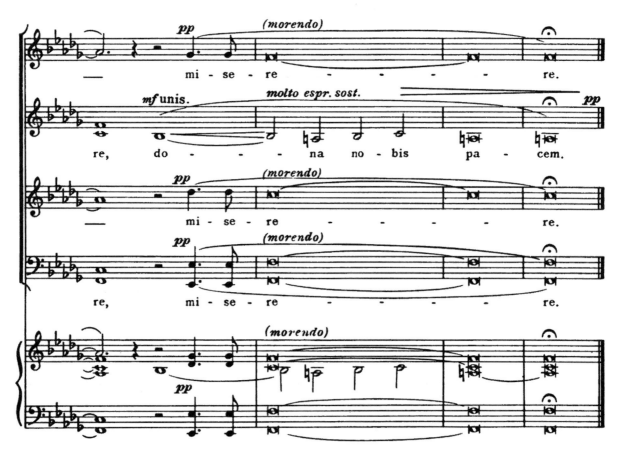

AGNUS DEI

Georges Bizet *Arranged by John Cameron*

37

38

47

De — i, qui tol - lis___ pec-ca-ta mun — di, do - na no — bis____

De — i, qui tol - lis___ pec-ca-ta mun — di, do - na no — bis

a - gnus De — i, qui tol-lis, qui tol-lis pec-ca-ta mun - di, do - na no - bis

a - gnus De — i, qui tol-lis, qui tol-lis pec-ca-ta mun - di, do - na no - bis

De — i, qui tol - lis___ pec-ca-ta mun — di, do - na no — bis

a - gnus De — i, qui tol-lis, qui tol - lis pec-ca-ta mun - di, ___ do - na no - bis

De — i, pec — ca - ta mun - di, do — na

De — i, pec — ca - ta mun - di, do — na

44

46

GEISTLICHES LIED Op. 30

Johannes Brahms

Arrangement of accompaniment for string septet by Edward Higginbottom
(parts available on hire)

48

Laß dich nur nichts nicht dau - ern mit

Laß dich nur nichts nicht

Laß dich nur nichts nicht dau - ern

Laß dich nur

Trau - ren, sei stil-le, wie Gott es

dau - ern mit Trau - ren, sei stil-le, wie Gott es

mit Trau - ren, sei stil-le, wie

nichts nicht dau - ern mit Trau - ren, sei stil-le,

Manuals

50

Pedals

52

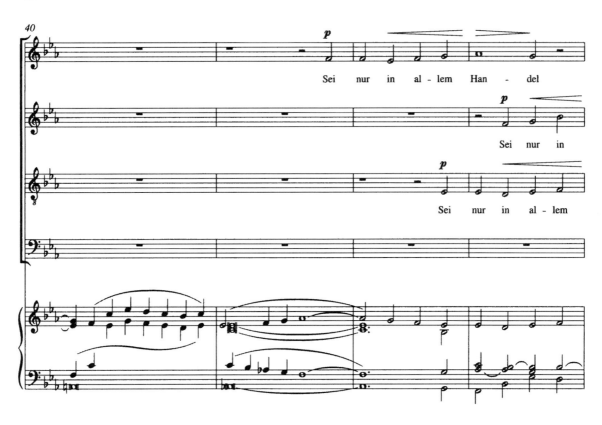

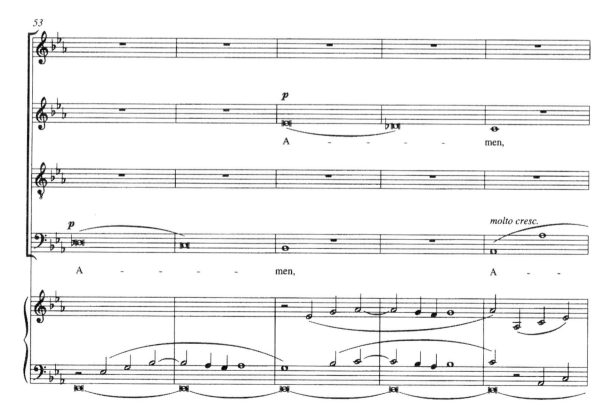

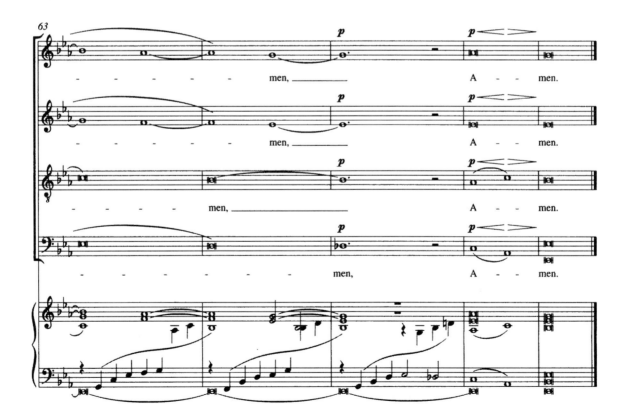

CHRISTUS FACTUS EST

Anton Bruckner

-ens us - que ad mor — tem, mor - tem

-ens us - que ad mor — tem, mor - tem

-ens us - que ad mor — tem, mor - tem

-ens us - que ad mor — tem, mor - tem, au — tem ____ cru —

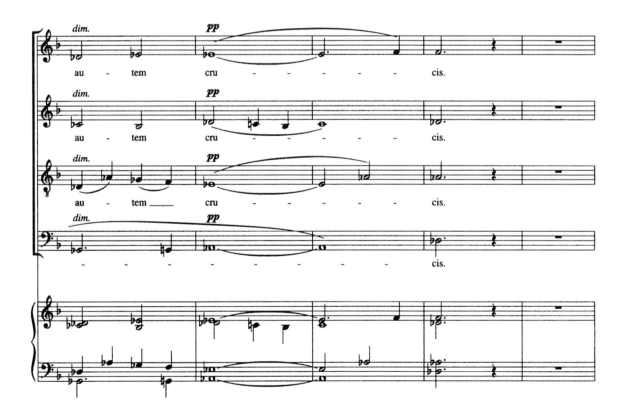

au — tem cru — — — — cis.

au — tem cru — — — — cis.

au — tem ____ cru — — — — cis.

— — — — — — — — cis.

58

no - men,   et de - dit il - li   no - men,   quod est su - - per,
no - men,   et de - dit il - li   no - men,   quod est su - - per, ___
no - men,   et de - dit il - li ___ no - men,   quod est
no - men,   et de - dit il - li   no - men,   quod est su - - - per,

su - - - per,   su - per om - ne ___ no - men,   quod est
su - - - per, ___ su - per om - ne ___ no - men,   quod est
su - - per,   su - per om - ne   no - men,   quod est
su - - - per,   su - per om - ne   no - men, quod est su - -

no - men, su - per, su - per om - ne

no - men, quod est su - per om - ne

no - men, su - per, su - per om - ne

no - men, su - per, su - per om - ne

no - men, quod est su - per om - -

no - men, quod est su - per om - -

no - men, quod est su - per om - -

no - men, quod est su - per om - -

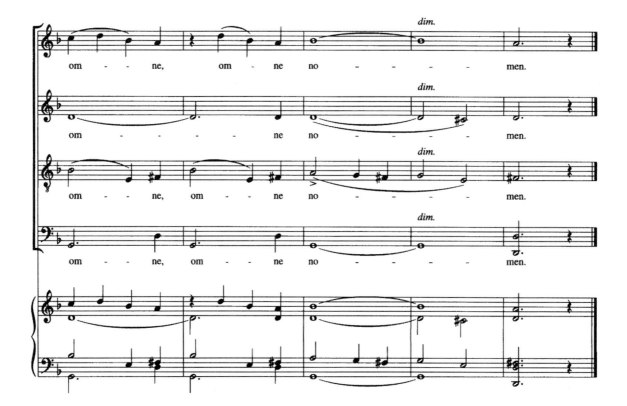

LUX AETERNA

Edward Elgar

Arranged by John Cameron

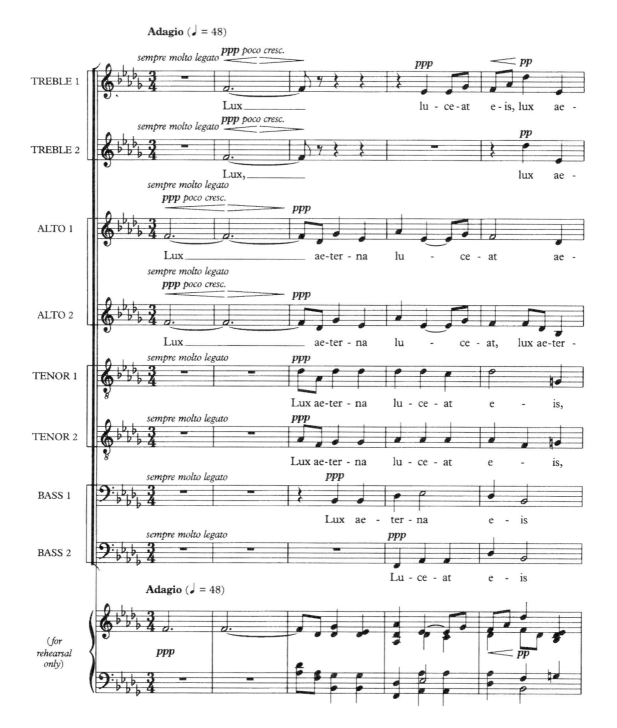

64

66

72

Duration *c.* 3′ 45″

CRUCIFIXUS II

Antonio Lotti

78

GOTT IST MEIN HIRT

PSALM 23

FRANZ SCHUBERT

Arrangement for choir and orchestra by John Cameron (parts available on hire)

14

grü - ner ___ Wei - de, er lei - tet ___ mich an stil - len ___ Bä - chen, er

grü - ner ___ Wei - de, er lei - tet ___ mich an stil - len ___ Bä - chen, er

lei - tet ___ mich an stil - len ___ Bä - chen, er

lei - tet ___ mich an stil - len ___ Bä - chen, er

17

lei - - - tet mich, er lei - tet ___ mich an ___

la - gert ___ mich auf ___ grü - ner ___ Wei - de, er lei - tet mich an

la - gert ___ mich auf ___ grü - ner ___ Wei - de, er lei - tet mich an

lei - tet mich an stil - len Bä - chen, er ___ lei - tet mich an

20

stil - len ___ Bä - chen,   er

stil - len ___ Bä - chen,   er

stil - len ___ Bä - chen,   er

stil - len ___ Bä - chen,   er

23

labt   mein schmach-ten-des Ge - müt, ___   er   führt   mich auf   ge-rech - tem

labt   mein schmach-ten-des Ge - müt,   er   führt   mich auf   ge-rech - tem

labt   mein schmach-ten-des Ge - müt,   er   führt   mich auf   ge-rech - tem

labt   mein schmach-ten-des Ge - müt,   er   führt   mich auf   ge-rech - tem

To - des - schat - tens Ta - le, so wall' ich oh - ne

To - des - schat - tens Ta - le, so wall' ich oh - ne

To - des - schat - tens Ta - le, so wall' ich oh - ne

To - des - schat - tens Ta - le, so wall' ich oh - ne

dim.

Furcht, _____ denn ___ du be-schüt - zest ___ mich, und

Furcht, denn du be-schüt - zest ___ mich, und

Furcht, denn du be-schüt - zest ___ mich, und

Furcht, denn du be-schüt - zest ___ mich, und

90

50

Trost,   sind mir im - mer - dar mein Trost,   mein

Trost,   sind mir im - mer - dar mein Trost,   mein

Trost,   sind mir im - mer - dar mein Trost,   mein

Trost,   sind mir im - mer - dar mein Trost,   mein

53

Trost.   Du

Trost.   Du

Trost.

Trost.

56

rich - test — mir ein Freu - den - mahl im An - ge - sicht der

rich - test — mir ein Freu - den - mahl im An - ge - sicht der

p

Du rich - test — mir der

p

Du rich - test — mir der

59

pp

Fein - de — zu, du salbst mein Haupt mit Ö - le und

pp

Fein - de — zu, du salbst mein Haupt mit Ö - le und

pp

Fein - de — zu, du salbst mein Haupt mit Ö - le und

pp

Fein - de — zu, du salbst mein Haupt mit Ö - le und

pp

94

96

Se - lig-keit in die - - sem Le - ben

Se - lig-keit in die - - sem Le - ben

Se - lig-keit im Le - ben

Se - lig-keit in die - - sem Le - ben

nach, einst ruh' _____ ich _____ ew' - ge Zeit

nach, einst ruh' _____ ich _____ ew' - ge Zeit

nach, einst ruh' ich ew' - ge Zeit

nach, einst ruh' ich ew' - ge Zeit

THE LAMB

JOHN TAVENER

Poem by William Blake (1757-1827)

100

A tempo — moving forward

A tempo — moving forward

102